AF371116

SEYMOUR DE RICCI

QUELQUES BIBLIOPHILES

VI

M. LÉON COMAR

PLAISIR DE BIBLIOPHILE

1928

QUELQUES BIBLIOPHILES

VI. — M. LÉON COMAR

INQ premiers chapitres de cette chronique nous ont amenés, successivement, chez un amateur de textes modernes, chez un collectionneur d'éditions originales romantiques, chez un éminent historien des lettres françaises, chez un passionné de la belle épreuve et de la grande reliure, chez un chroniqueur avisé de notre littérature. Nous traverserons aujourd'hui la Seine pour visiter un cabinet exclusivement composé de livres illustrés contemporains.

Dans un appartement clair, dominant le Luxembourg, M. Léon Comar nous ouvre aimablement trois grandes armoires vitrées, œuvres d'un ébéniste des plus modernes, et où alternent en rangées superposées les maroquins aux nuances vives, les cartonnages bariolés des étuis et le papier cristallin protégeant les brochures. C'est qu'une bibliothèque de livres tout à fait modernes est une construction vivante, toujours inachevée et où les livres d'hier et d'aujourd'hui se resserrent à chaque instant pour faire place au livre de demain.

La bibliothèque de M. Comar est de naissance assez

récente : ses débuts coïncident avec les dernières années de l'avant-guerre et ce n'est que depuis quatre ou
cinq ans qu'elle a pris toute son ampleur. Pendant un
certain temps, notre collectionneur, comme tous ses
confrères, a hésité dans ses choix : il avait acquis
quelques beaux volumes du xviiie siècle, par exemple
les *Chansons* de Laborde, en maroquin ancien,
quelques romantiques, quelques livres illustrés du
milieu du siècle dernier, quelques éditions originales
d'auteurs modernes. Devenu membre des principales
sociétés de bibliophiles, il se concentra sur les livres
dits « de Sociétés ». Il tint à posséder les suites com-
plètes du « Livre d'art », du « Livre contemporain »,
de la « Société des XX ». Il y joignit les principaux
volumes des « Amis des Livres » et des « Cent Bibliophiles », ainsi que les meilleures publications de
quelques éditeurs avisés comme Pelletan et Helleu
ou du graveur Schmied.

Il ne faudra donc chercher, chez cet amateur de
volumes contemporains, ni les livres de pur texte,
comme les plaquettes rares de Gide ou de Paul Valéry,
ni les ouvrages dont l'intérêt est purement typogra-
phique, si chers aux bibliophiles anglais et améri-
cains. M. Comar n'a collectionné que le livre illustré,
depuis 1900 jusqu'en 1928... et après.

Quand on recherche des livres anciens dont chaque
exemplaire se distingue de celui du voisin, il est rela-
tivement facile d'être original. C'est en présence de
volumes modernes, fabriqués en série, tirés à un
nombre fixé d'exemplaires dont presque aucun n'est
destiné à disparaître définitivement du marché, qu'il

devient vraiment difficile d'affirmer sa personnalité. C'est pourtant ce que désire tout bibliophile digne de ce nom, c'est ce qu'a tenté, après bien d'autres, notre amateur.

Il a commencé par joindre à chaque volume toutes les « suites » d'épreuves d'état qu'il a pu se procurer : fumés, décompositions de couleurs, planches rejetées, essais de tirage, etc. Dans plusieurs sociétés, ces épreuves sont vendues aux enchères entre les membres. M. Comar n'a pas manqué de mettre à profit ces occasions et a su constituer, en marge de chaque volume, tout un dossier d'illustrations complémentaires. Chaque fois que cela lui a été possible, il y a joint tout ou partie des dessins originaux. En cette dernière spécialité, peu de collections sont aussi riches que la sienne. Rien n'est plus intéressant que de pouvoir ainsi comparer l'œuvre première du peintre et la traduction — parfois infidèle — qu'en a faite le graveur.

Restait le grand problème : la reliure. Qu'inventer, pour donner sur ce point à sa bibliothèque un cachet vraiment personnel? Reprenant et développant une idée que d'autres avaient déjà eue avant lui — et je songe surtout aux reliures de Giraldon sur les volumes de feu Couderc de Saint-Chamant — M. Léon Comar se proposa comme règle ce principe hardi : la reliure d'un livre doit être l'œuvre de l'illustrateur du volume. Les peintres et les graveurs se prêtèrent avec une rare intelligence à cette tentative si heureuse, soit qu'il s'agît d'enchâsser sur les plats un cuir incisé, une plaque de métal, une laque aux tons précieux, soit

qu'un relieur habile — et notre ami Canape fit preuve
à cet égard d'une étonnante dextérité — vint traduire,
en un cuir mosaïqué à filets dorés, une composition
dessinée par l'artiste auteur des illustrations. Il y avait
là une formule, sinon entièrement nouvelle, du moins
peu familière aux bibliophiles contemporains et qui
n'avait certainement jamais été appliquée avec autant
de méthode, de suite dans la recherche et, disons-le,
de réel succès.

La collection commencera, si vous le voulez bien,
avec *Les Beaux Messieurs de Bois Doré* (1892), bel
exemplaire sur chine, dans une reliure ultra-classique
de Canape.

Puis viendront les publications de Romagnol, *Le
Lys Rouge* (1903), en maroquin brun, du même
Canape, avec les suites, et les éditions de Pelletan,
notamment la précieuse ode de Keats, *Sur une urne
grecque,* traduite par Anatole France (1908), avec les
vignettes bas-de-page par Bellery-Desfontaines, et
d'admirables originaux à la sanguine, études à grande
échelle pour chaque figure de plusieurs de ces vignettes.

A la *Chanson des Gueux* (1910), M. Comar a joint
plusieurs magnifiques originaux de Steinlen ; un grand
cuir incisé de l'artiste décore la reliure exécutée par
Canape.

Parmi les livres publiés par Helleu après la mort de
Pelletan, on remarquera les *Fêtes Galantes,* de Ver-
laine, avec tous les dessins originaux des lithographies
de Charles Guérin, et le *Voyage égoïste,* de Colette
(1922), également avec les originaux de Guérin. Une
importante suite de dessins de Steinlen enrichit l'exem-

plaire d'Émile Morel, *Les Gueules Noires* (Sansot, 1907), livre fort important et qui pourtant n'a jamais connu la réputation du *Crainquebille* et de la *Chanson des Gueux*.

Un des plus beaux livres de Société que possède M. Comar est le Huysmans, *A Rebours,* illustré en 1903 par Lepère pour les « Cent Bibliophiles ». Il est relié en deux volumes, en maroquin gris, par Canape, le second contenant une des cinq suites de fumés en noir, celle-là même que s'était réservée le graveur. Le plat supérieur de chaque volume est décoré d'un splendide cuir ciselé par Lepère, exécuté pour M. Comar, ainsi que l'attestent les lettres et les dessins reliés dans l'exemplaire.

Non moins splendide est le *Livre de la Jungle* (Livre contemporain, 1919), en deux volumes, avec la suite, dans une reliure somptueuse par Canape et son jeune associé Corriez, portant enchâssées une plaque d'argent de Jouve et une délicate laque de Schmied.

A côté (toujours du *Livre contemporain*) vient se placer le *Médailler* (1923), par Henri de Régnier, illustré par Giraldon, avec des originaux de l'artiste, et une médaille de Giraldon, encastrée par Canape dans le maroquin de la reliure.

Pour la série des livres des « XX », M. Comar a eu la bonne fortune de recueillir les exemplaires mêmes de Pierre Dauze, enrichis par cet infatigable amateur de tous les ornements additionnels que l'on peut imaginer.

Dans les éditions du *Livre d'art,* nous avons noté

les *Idylles,* de Théocrite (1911), avec bois de Beltrand, dans une reliure mosaïquée de Canape, et surtout le *Chariot d'or,* de Samain (1923), avec tous les originaux des illustrations de Bonfils et une ravissante reliure, mosaïquée par Canape, sur dessin de Bonfils, en maroquin à incrustations de veau gris.

Toujours fidèle à ce principe d'inviter l'illustrateur à collaborer à la reliure, M. Léon Comar a demandé à Barbier de fournir à Canape le dessin d'une mosaïque pour les *Chansons de Bilitis,* parues en 1922 chez Conard; l'amateur y a joint deux charmantes aquarelles originales de Barbier et de Schmied.

De même, pour le *Carquois épuisé,* de G. Barbier, avec bois de Siméon, la reliure sera signée de Siméon et Lanoé; le *Colas Breugnon,* de Romain Rolland (Ollendorf, 1924), verra les bois de Gabriel Belot complétés par l'adjonction de tous les originaux et de deux cuirs incisés de l'artiste, montés dans une reliure de Lanoé; La *Châtelaine de Vergy* (1926) renfermera les originaux de l'artiste qui aura dessiné pour l'exemplaire une riche reliure, exécutée par G. Cretté, le vaillant continuateur de Marius-Michel.

Le grand maître de la reliure contemporaine qu'est Legrain ne pouvait être absent de ce petit sanctuaire du beau livre moderne. Les deux reliures dont il a recouvert le texte et les illustrations, par Mathurin Méheut, du *Gardien du feu,* de Le Braz (Mornay, 1923), peuvent compter parmi les plus heureusement inspirées de ses compositions récentes. Jamais il n'a plus ingénieusement combiné les filets droits et courbes, noirs ou dorés, selon la nécessité du dessin. L'album des aquarelles originales mérite d'ailleurs d'être regardé à loisir, car les gravures du livre ne donnent qu'une faible idée de la puissance créatrice de l'illustrateur.

M. Léon Comar est président de la *Société de la gravure originale sur bois,* qui vient de publier *Trois contes cruels,* de Villiers de L'Isle-Adam (1927), avec de fort jolis bois par Laboureur, tirés en noir et or. Notre amateur est aussi président du conseil d'administration de la société d'édition *Le Livre,* à qui nous devons, depuis plusieurs années, une série de volumes illustrés, conçus et exécutés avec un soin exceptionnel et aussi, on peut le dire, avec une exceptionnelle compétence. On ne sera pas surpris qu'il en possède des exemplaires de choix, avec des épreuves d'état, des dessins originaux et des reliures particulièrement somptueuses.

Voici donc *Salammbô* (1923), avec les originaux de Schmied; les *Scènes mythologiques,* de Henri de Régnier (1924), avec tous les originaux de Marty et un cuivre enchâssé dans la reliure exécutée par Marty et Canape; *l'Oiseau bleu,* de Mæterlinck (1925), avec les originaux de Lepape et une prestigieuse reliure bleue de Canape, sur dessin de Lepape; les *Lettres à Mélisande,* de Julien Benda (1925), avec les originaux des bois de Fernand Siméon, dans une curieuse reliure de Lanoé, en maroquin grenat, avec mosaïque de maroquin blanc non serti de filets, d'après un dessin de Siméon; enfin les *Silences du colonel Bramble* (1926), illustré au burin par Laboureur, avec tous les originaux, dans une surprenante reliure mosaïquée de Legrain, imitant un *tartan* écossais, reliure d'un relief sculptural et d'une hardiesse de tons à faire frémir certains bibliophiles de la vieille école.

J'ai gardé pour la bonne bouche trois beaux manuscrits : *Suzanne et le Pacifique*, par Giraudoux, bel autographe propre et sage, sans émotion ni heurts; la *Trahison des clercs*, de Julien Benda, déjà plus nerveux, et les *Lettres à Mélisande*, du même, superbe manuscrit, écrit à la diable, au crayon, à la plume, voire à la machine, sur des papiers de toute espèce, découpés, raturés en noir et en rouge, avec tous les signes enfin qui trahissent une nature inquiète, une âme fougueuse, un tempérament exaspéré... et tout cela pour les *Lettres à Mélisande!*

A voir le propriétaire de cette belle bibliothèque, si jeune, si enthousiaste, si amoureux de ses volumes, on comprend tout ce que la collection des livres contemporains peut apporter de jouissance à un amateur vraiment passionné : on souhaiterait que chaque bibliophile apportât autant de discernement dans ses acquisitions et les marquât aussi fortement de sa personnalité. Conséquence imprévue, mais inéluctable de ce particularisme, M. Léon Comar ne peut acheter de livres tout faits : aussi ne le voit-on jamais dans les ventes publiques.

Seymour de Ricci.